Donizetti: Anna Bolena

Opera en Dos Actos

⁣

Traducción al Español y Comentarios
por E. Enrique Prado

⁣

Libreto de
Felice Romani

Jugum Press

Primera edición impresa: Octubre de 2016
ISBN-13: 978-1-939423-47-4

ISBN-10: 1-939423-47-3

Impreso en los Estados Unidos de América
Publicado por Jugum Press
www.jugumpress.com

Edición y diseño:
Annie Pearson, Jugum Press
Consultas y correspondencia:
jugumpress@outlook.com

Índice

Prefacio ❧ Anna Bolena

Anna Bolena ocupa un lugar especial en el mundo de la ópera de Gaetano Donizetti debido a qué ésta obra fue premiada en el Teatro Carcano de Milán el 26 de Diciembre de 1830 y esto dio al compositor su primer gran triunfo, abriendo para él las puertas del reconocimiento internacional. Donizetti escribió más de 65 óperas, de las cuales *Anna Bolena* es la número 31, escrita cuando su autor contaba con 33 años de edad. El libreto se debe a la pluma de Felice Romani.

Donizetti nació e inició su educación musical en Bergamo bajo la mano de hierro de Giovanni Simone Mayr y continuó sus estudios de música con Stanslao Mattel en Bolonia alcanzando altos niveles de preparación a pesar de los malos augurios de su familia.

La madurez llegó con Anna Bolena; las audiencias en La Scala así lo demostraron y en una carta a su familia escrita después de la premier, el joven compositor no pudo esconder su alegría: "Éxito, triunfo, delirio: el público parecía haber enloquecido"

Donizetti no perdió mucho tiempo en considerar los aspectos históricos de la tragedia de *Anna Bolena*, sino más bien se dejó llevar por los sentimientos que en él despertaron la injusticia cometida contra ella al ser acusada de un adulterio que jamás cometió.

Anna Bolena constituye el primer panel del "Tríptico Inglés" que continuo con María Estuarda y luego con Roberto Devereux.

Traducción y comentarios por
E. Enrique Prado Alcalá
Tepoztlán, Febrero 2000

Sinopsis ꝏ Anna Bolena

ACTO I

ESCENA I
Un pasillo en el Castillo de Windsor, afuera de los departamentos de la Reina.

Es el atardecer, los cortesanos reunidos se preguntan por qué el Rey Enrique visita en tan contadas ocasiones a la Reina Anna; entra Jane Seymour, la dama de compañía favorita de la Reina y confiesa demostrando remordimiento, el haber despertado el amor del Rey.

Llega Anna y le pide a Smeton su músico favorito que entretenga a la concurrencia con una canción. Smeton está secretamente enamorado de Anna y al verla tan pálida concluye que es debido al abandono a que la tiene sujeta el Rey.

Anna platica con Jane sobre las engañosas tentaciones del trono y esto le hace pensar que la Reina conoce su secreto. La Reina se retira, Jane queda sola y atreves de una puerta secreta entra Enrique que se encuentra disgustado con ella porque ha opuesto resistencia a sus propuestas amorosas y porque ella le sugiere que ésta sea su última entrevista. Él le dice que ya pronto ella no tendrá rival, y ella le contesta diciendo que su honor le prohíbe continuar con la presente relación.

El pensamiento de ser la causa de los presentes y futuros sufrimientos de Anna, obliga a Jane a pedirle al Rey que ya no haga nada que la haga sentir más remordimientos en relación con la Reina. La entrevista termina con la salida del Rey.

ESCENA II
En el parque del Castillo de Windsor.

Lord Rochefort, el hermano de la Reina, se sorprende al encontrar a Percy, que ha estado por largo tiempo en el exilio. Percy le explica que el Rey ha ordenado su regreso y que planea presentarse ante él cuando se reúna en el parque con su grupo de cacería. Percy le comenta a Rochefort que ha escuchado rumores de que Anna es infeliz y que el Rey ha cambiado respecto a ella, Rochefort admite que así están las cosas.

Percy recuerda la amargura de su exilio y lamenta la pérdida del amor de Anna, ahora espera que su destino mejore después del llamado del Rey. Mientras se reúne el grupo de cacería, Enrique le pregunta a Anna porqué se ha levantado tan temprano y ella responde que fue por la esperanza de verlo. Percy se aproxima al Rey y cuando trata de besar la mano real, el Rey la retira bruscamente y le dice que él será perdonado solo si la Reina intercede en su favor. Percy va y se arrodilla ante la temblorosa Anna y así recibe el perdón de Henry que llama aparte a Lord Hervey uno de sus cortesanos y le ordena que vigile muy de cerca los movimientos de Anna y Percy y que le haga saber todo lo que hablen entre sí.

Rochefort aconseja a Percy que sea muy cauteloso con lo que hable y haga.

El Rey le sugiere a Percy que asista constantemente a la Corte luego ordena el inicio de la cacería, todos en el grupo van jubilosos por el hermoso día y por las piezas que van a cobrar, Enrique por su parte también va contento porque ya inició la cacería de presas de diferente naturaleza.

ESCENA III
En la antecámara de las habitaciones de la Reina.

Smeton entra subrepticiamente y extrae de entre sus ropas un medallón que contiene el retrato de Anna y viene a colocarlo de nuevo en su sitio. Él lo besa y le confiesa al retrato el amor que siente por Anna, escucha un ruido y se esconde detrás de un biombo. Entra Rochefort con Anna y le ruega que le conceda a Percy una breve entrevista, ella acepta con dificultad y le pide a Rochefort qué escondido sea testigo. Entra Percy y Anna agitadamente le confiesa que ha cometido con él una injusticia y que la corona que ella escogió se ha convertido en una de espinas, además le dice que cree que el Rey la odia. Percy prefiere no hacerle reproches, para él, Anna sigue siendo la misma que amó cuando era una jovencita. Percy le confiesa que aun el ama y ella replican que si deberás el ama, en vista de su presente situación, no debe jamás hablarle de amor. Luego Anna trata de persuadirlo para que abandone Inglaterra recordándole que la vida de ambos se encuentra en peligro, pero él le responde que lo único que desea es estar cerca de ella.

Cuando Percy le pregunta si puede verla de nuevo ella le contesta que no; entonces él desenvaina su espada y está a punto de matarse con ella, Smeton mal interpreta la situación y piensa que Percy va a matarla, por lo que rápidamente desenvaina su espada y sale de detrás de biombo para defender a su Reina. Anna muy impresionada se desvanece justamente cuando entra Rochefort para avisarles que el Rey se aproxima. Entra Enrique y se molesta mucho al, ver a los hombres blandiendo sus espadas, llama a los guardias. Mirando a Anna quedan estáticos Percy, Smeton y Rochefort. Instintivamente Smeton comienza a declarar la inocencia de los tres, y ofrece su vida como prueba de que dice la verdad, se rasga la chaqueta y el medallón de Anna cae a los pies de Rey quien lo recoge y así confirma las sospechas de la infidelidad de la Reina que en éste momento vuelve a la consciencia.

Anna muy asustada por la furia de su esposo le ruega que no la condene sin antes oírla, él le ordena que desaparezca de su vista y le dice que sería mejor que muriera, Jean que ha entrado se encuentra sumamente alterada y es presa de gran sentimiento de culpa.

Enrique ordena que los cuatro sean confinados en celdas individuales; Anna le ruega que le permita explicarle las cosas pero es despedida diciéndole que podrá hacer su defensa ante los jueces.

ACTO II

ESCENA I
En la antecámara de la celda de Anna en la Torre de Londres.

Las damas de compañía comentan cómo todos los amigos han abandonado a Anna en sus momentos difíciles, aun Jane la favorita de ella, no se ha aparecido. Entra Hervey y ordena a las damas que se presenten ante el consejo, ellas protestan pero Anna les ruega que vayan.

Anna en la soledad se arrodilla, reza y llora después se sienta, entra Jane conmovida, y se arrodilla ante Anna quien la levanta. Después de unos momentos de vacilación Jane le dice que el Rey le ha ordenado decirle que si confiesa su culpa y renuncia a su título real, su vida será salvada. Jane le ruega que ceda en nombre de Rey y de ella la futura Reina, al tiempo que le hace saber de los profundos remordimientos que siente al haber sido escogida por Enrique para ocupar el trono junto a él. Anna ha tenido la visión de cómo su fantasma hechizará el lecho real e impedirá la felicidad de la pareja real. Anna la despide y le dice que el único culpable es Enrique quién la ha obligado a aceptar un amor prohibido.

ESCENA II
Afuera de la cámara del Consejo que está en sesión.

Un grupo de cortesanos reunidos se preguntan sobre qué sucesos estarán discutiendo los miembros del Consejo.

Sale Hervey del salón y ante el asombro de los cortesanos comenta que si Smeton confesó su relación amorosa con Anna, la vida de éste será salvada. Hervey les ordena retirarse ya que el Rey se aproxima y ya solo ante él le explica que Smeton ha caído en la trampa.

Anna y Percy son conducidos por los guardias a la cámara, Enrique trata de eludirlos pero Anna le dice que ella prefiere morir en sus manos que ser condenada por el Consejo e insiste en que ésta es su prerrogativa real. Enrique le responde que cómo se atreve a invocar esa prerrogativa después de haber sido la amante de Percy, éste protesta disgustado y el Rey lo interrumpe diciéndole que ella también ha cometido adulterio con Smeton y que existen testigos de ello. Anna a su vez furiosa, acusa de adulterio a su esposo y proclama que está dispuesta a recibir la muerte de parte de él. Ahora el Rey ya ha tomado la determinación de ordenar la muerte de los tres involucrados en el "adulterio". Enrique les dice que pronto Inglaterra tendrá una nueva Reina.

Percy recuerda cómo Anna le fue prometida desde la infancia y cómo ahora él está deseando morir para salvarle la vida, Anna ahora se reprocha el haberlo despreciado y Enrique solo piensa en castigarlos y ordena al Consejo revelar la unión previa que existió entre Anna y Percy.

Enrique le recuerda a Jane que él además de ser su Rey es su amante y que pronto estarán casados, ella responde que quisiera marcharse lejos para expiar sus pecados, el Rey le responde que esa actitud solo logra que él odie más a Anna porque hace que Jane deje de amarlo.

Llega Hervey ante Enrique y le informa que su matrimonio con Anna ha sido anulado y que ella y sus cómplices han sido condenados a muerte. Los cortesanos ruegan al Rey que anule el veredicto como un acto real de clemencia. Jane entre lágrimas le pide lo mismo pero Enrique permanece firme en su decisión.

ESCENA III
En la Torre de Londres.

Anna ha perdido la razón, aparece con su pelo desarreglado y sus ropas en desorden, pregunta el porqué del llanto de sus damas de compañía, primero piensa que ese es el día de su boda con Enrique luego se imagina que Percy está ante ella y le pide perdón esperando que él la lleve lejos de sus sufrimientos y recuerda su infancia y los días pasados con su primer amor.

Se escucha el sonido de tambores, Hervey conduce a Percy, Rochefort y Smeton a la celda de Anna. Smeton corre a arrodillarse ante ella y confiesa que él es la única causa de su desgracia. Anna le pregunta que por qué no está tocando su flauta. En su delirio ella ruega al cielo ser liberada, afuera se escucha el doblar de las campanas y disparos de cañón, cuando Anna pregunta de qué se trata, le dicen que es la procesión de la boda de Enrique y Jane y ella exclama que lo único que falta es que vean correr su propia sangre. Entran los alguaciles a llevar los prisioneros al lugar de su ejecución.

FIN

Reparto ๛ Anna Bolena

ANNA BOLENA, Reina de Inglaterra — soprano
JANE SEYMOUR, Dama de Compañía de Anna — mezzosoprano
ENRIQUE VIII, Rey de Inglaterra — bajo
PERCY, Primer Prometido de Anna — tenor
SMETON, Músico de la Corte — contralto
SIR HERVEY, Miembro de la Corte de Enrique — tenor
LORD ROCHEFORT, Hermano de Anna — bajo

Libreto & Anna Bolena

Acto I

ESCENA I
Una sala en el Castillo de Windsor en el departamento de la Reina Anna.
El lugar está iluminado, es de noche.

CORO

Né venne il Re?
Silenzio, ancor non venne.
Ed ella?
Ne geme in cor, ma simula.
Tramonta ornai sua stella.
D'Enrico il cor volubile
arde d'un altro amor.
Tramonta ornai sua stella
Misera, misera! O dei!
A duol maggior!

1.   ¿Ha llegado el Rey?
Silencio, todavía no llega.
¿Y ella?
Gime su corazón, pero disimula.
Su estrella ya se ha puesto.
El corazón voluble de Henry
arde por otro amor.
Su estrella ya se ha puesto
¡Pobre de ella, pobre de ella! ¡Oh cielo!
¡Es un gran duelo!

JANE SEYMOUR

Ella di me sollecita
più dell'usato, ha chiesto?
Ella perché!
Qua dubbio in me si è desto!
Innanzi alla mia vittima,
perde ogni ardire il cor.
Ah! Sorda al rimorso rendimi,
o in sen t'estingui, amor.

2.   ¿Ella me ha llamado con prisa es algo
inusitado, porqué está tan alterada?
¡Que palpito!
¡Que duda en mi ha despertado!
Enfrente de mi víctima
mi corazón pierde todo su valor.
¡Ah! Hazme inmune al remordimiento,
o extínguete amor en mi seno.

Entra Anna con un séquito de damas, pajes y escuderos, todos la rodean.
Smeton está en el cortejo.

ANNA
Si taciturna e mesta
mai non vidi assemblea.
Tu stessa un tempo
lieta cotanto
richiamar non sai
sul tuo labbro un sorriso!

JANE SEYMOUR
E chi potrai
seren mostrarsi
quando affiliata el vede la sua Regina?

ANNA
Affiliata, è ver son io
né so il perché.
Smania inquieta, ignota
a me la pace
da più giorni invola.

SMETON
Misera!

JANE SEYMOUR
Lo tremo ad ogni sua parola.

ANNA
Smeton dov'è?

SMETON
Regina!

ANNA
A me t'appressa.
Non vuoi tu per poco
de tuoi concenti
rallegrar mia corte
finché non giunto il Re?

JANE SEYMOUR
Mio cor, respira.

ANNA
Dame per go, udite.

A Jane
3. Si, nunca había visto tan triste
    y taciturna a la corte.
    ¡Tú misma en un tiempo
    alegre, y ahora
    no sabes cómo traer
    a tus labios una sonrisa!

4. ¿Y quién podría
    mostrarse sereno
    cuando ve afligida a su Reina?

5. Afligida, es verdad estoy
    y no sé el porqué.
    Un desasosiego desconocido
    cada día se lleva
    mi paz.

Para si.
6. ¡Pobrecita!

Para si.
7. Tiemblo ante sus palabras.

8. ¿En dónde está Smeton?

9. ¡Su Alteza!

10. Acércate mí.
    ¿No quieres
    consentir en
    alegrar a mi corte
    hasta que llegue el Rey?

Para si
11. Mi corazón, respira de nuevo.

12. Damas por favor, escuchen.

Todas se sientan.
Una arpa le es traída a Smeton, Anna se sienta y Jane tambien a su lado.

SMETON
Amor, m'ispira!
Deh! Non voler costringere
a finta gioia il viso,
bella è la tua mestizia
siccome il tuo sorriso bella.
Cinta di nubi ancora
bella è così l'aurora,
la mesta luna in cielo
belle è nel suo pallor.
Quel primo amor che.

ANNA
Taci, deh, taci!

JANE SEYMOUR
Regina!

SMETON
O ciel!

CORO
Ella è turbata oppressa.

ANNA
Come, innocente giovine,
come m'hai scosso il core!
Son calde ancor le ceneri
del mio primiero amore!
Ah! Non avessi il petto
aperto ad altro affetto,
io non sarei si misera,
ah, no, non sarei si misera
nel vano mi splendor.
No, non sarei, sarei si misera
Ma poche ornai rimangono
ore di notte, o credo.

JANE SEYMOUR
L'alba è vicina a sorgere.

Para si.
13. ¡El amor, me inspira!
No quieras tener a la fuerza
una falsa alegría en el rostro,
tu tristeza es bella
tanto con tu sonrisa.
Aun envuelta en nubes
es de bella la aurora,
la melancólica luna en el cielo
es bella con su palidez.
Aquel primer amor que.

14. ¡Calla, calla!

15. ¡Su alteza!

16. ¡Oh, cielos!

17. Ella está turbada y oprimida.

Para si.
18. ¡Como joven inocente,
me has estrujado el corazón!
¡Aún están calientes las cenizas
de mi primer amor!
¡Ah! Mi pecho no se habla
abierto a otro amor,
yo no seré infeliz,
ah, no, no seré infeliz
en mi vano esplendor.
Nono seré, no seré infeliz
Pero quedan pocas
horas de la noche, creo.

19. El alba está próxima a surgir.

ANNA

Signori, io vi congedo,
è vana speme attendere,
che ornai più giunga il Re.
Andiam, Seymour.

20. Señores, pueden retirarse,
es vana esperanza esperar,
que aun venga el Rey.
Vamos, Seymour.

Toma a Jane del brazo.

JANE SEYMOUR

Che Vagita?

21. ¿Qué os inquieta?

ANNA

Legger potessi in me!
Non v'ha sguardo cui sia dato
penetrar nel mesto core;
mi condanna il crudo fatto,
solitaria, a sospirar.
Ah! Se mai di regio soglio
ti seduce lo splendore,
ti rammenta il mio cordoglio
non lasciarti, non lasciarti lusingar.

22. ¡Si pudieras leer mis pensamientos!
A ninguna mirada se le permite
penetrar en mi triste corazón;
mi cruel destino me condena,
solitaria a suspirar.
¡Ah! Si alguna vez del regio trono
te seduce el esplendor,
no olvides mi pesar
y no te dejes, no te dejes ilusionar.

SMETON, JANE SEYMOUR

Non ardisco favellar.

Para sí.
23. No me atrevo a hablar.

CORO

Qualche istante di riposo
possa il sonno a lei recar.

24. Si el sueño pudiera llevarle a ella
algunos instantes de reposo.

Anna parte acompañada de Jane y de sus demas damas.

JANE SEYMOUR

O! Qual parlar fu il suo!
Come il cor mi colpi!
Tradita forse, scoperta io mi sarei?
Sul mio sembiante
avrai letto il misfatto?
Ah no, mi strinse
teneramente al petto,
riposa ignara che
il serpente ha stretto.
Potessi almen ritrarre
da questo abisso il piede;
e far che il tempo
corso non fosse.

25. ¡Oh! ¡Qué manera de hablar!
¡Cómo me golpea el corazón!
¿Quizás me he traicionado o he sido
descubierta? ¿En mi semblante
habrá leído el pecado?
Ah no, me apretó tiernamente
contra su pecho,
descansa ignorando
que la serpiente la aprieta.
Si al menos pudiera retirar
de éste abismo mis pies;
y hacer que el tiempo
detuviera su curso.

JANE SEYMOUR
Ah! La mia sorte è fissa,
fissa n'el cielo,
come il di supremo.

(continuó)
¡Ah! mi destino está fijo,
fijo en el cielo,
como el tremendo día.

Llaman a la puerta secreta

Ecco, ecco il Re.

Ahí está el Rey.

Jane va a abrirla puerta Enrique entra.

ENRIQUE
Tremate voi?

26.   ¿Estas temblando?

JANE SEYMOUR
Si tremo.

27.   Si estoy temblando.

ENRIQUE
Che fa colei?

28.   ¿Qué está haciendo ella?

JANE SEYMOUR
Riposa.

29.   Descansa.

ENRIQUE
Non io.

30.   Yo no.

JANE SEYMOUR
Riposo io forse?
Ultimo sia
questo colloquio nostro,
ultimo o Sire;
ve ne scongiuro.

31.   ¿Acaso descanso yo?
Que éste sea
nuestro último coloquio,
el último, Señor,
os lo suplico.

ENRIQUE
E tal sarà, si, tal sarà.
Vederci alla luce del sole
ornai dobbiamo
la terra e il cielo
han da saper ch'io v'amo.

32.   Así será, si, así será.
Verse a la luz del sol
ahora debemos
la tierra y el cielo
han de saber que yo te amo.

JANE SEYMOUR
Giammai, giammai.
Sotterra vorrei celar la mia vergogna.

33.   Jamás, jamás.
Quisiera esconder mi vergüenza bajo tierra.

ENRIQUE
E gloria l'amor d'Enrico
ed era tal per Anna
agli occhi pur dell'Inghiltera intera.

JANE SEYMOUR
Dopo l'imene ei l'era
dopo l'Imene solo.

ENRIQUE
E in questa guisa
m'ama Seymour?

JANE SEYMOUR
E il Re cosi pur m'ama?

ENRIQUE
Ingrata
e che bramate?

JANE SEYMOUR
Amore e fama.

ENRIQUE
Fama!
Si; l'avrete, e tale
che nel mondo egual non fia,
l'avrete, l'avrete.

JANE SEYMOUR
La mia fama è al pie dell'ara,
onta altrove è a me serbata
e quell'ara è a me vietata.
Lo sa il cielo, il Re lo sa.
Ah! S'è ver che al Re son cara
l'onor mio, l'onor mio pur caro avrà.
E quell'ara è a mi vietata.

ENRIQUE
Si, v'intendo.

JANE SEYMOUR
O cielo, Sire!

34. Es gloria el amor de Enrique
y así era para Anna
a los ojos de Inglaterra entera.

35. Así fue después de la boda
solo después de la boda.

36. ¿Y de éste modo
me ama Seymour?

37. ¿Y entonces el Rey me ama?

38. ¡Ingrata
y qué es lo que quieres?

39. Amor y reputación.

40. ¡Reputación!
Si, la tendrás, y tanta
que en el mundo igual no habrá,
la tendrás, la tendrás.

41. Mi reputación está al pie del altar,
la vergüenza en otra parte me espera
y ese altar está vedado para mí.
Lo sabe el cielo, lo sabe el Rey.
¡Ah! Si es verdad que el Rey me quiere
mi honor, mi honor más querido le será.
Y ese altar está vedado para mí.

42. Si, te entiendo.

43. ¡Oh cielos, Señor!

16

ENRIQUE
V'intendo.

JANE SEYMOUR
E tanto tanto, è in voi lo sdegno?

ENRIQUE
E sdegno e duolo.

JANE SEYMOUR
Sire!

ENRIQUE
Amate il Re soltanto
vi preme il trono solo.

JANE SEYMOUR
Io, io, sire!

ENRIQUE
V'intendo, v'intendo.

JANE SEYMOUR
No, Sire.

ENRIQUE
V'intendo.
Anna pur amor m'offria
vagheggiando il soglio inglese.
Ella pure il serto ambia
dell'altera, dell'altera Aragonese.
L'ebbe alfin, ma l'ebbe appena
che sul crin le vacillò.
Per suo danno, per sua pena
d'altra donna il cor tentò.

JANE SEYMOUR
Ah! Non io, non io v'offria
questo cor a torto offeso.
Il mio Re me io rapia,
dal mio Re mi venga reso.
Più infelice, più infelice di Bolena,
più da piangere sarò.
D'un ripudio avrò la pena
né un marito offeso avrò.

44. Te entiendo.

45. ¿Y tanto, así es tu desdeño?

46. Es desdeño y dolor.

47. ¡Señor!

48. Ama solo al Rey
que solo te importe el trono.

49. ¡Yo, yo, señor!

50. Te entiendo, te entiendo.

51. No, Señor.

52. Te entiendo.
Anna me ofrecía puro amor
deseando el trono inglés.
Ella también ambicionaba la corona
de la orgullosa aragonesa.
Al final la tuvo, pero apenas la tuvo
y en su frente vaciló.
Para su daño, para su pena
tentó al corazón de otra mujer.

53. ¡Ah! No fui yo quien te ofreció
éste corazón.
Mi Rey me lo robó,
fue tomado por mi Rey.
Más infeliz, más infeliz que Bolena,
y más llorosa estaré.
Sufriré la pena de un repudio
ni siquiera tendré un marido ofendido.

ENRIQUE
Ella pur amor m'offria.

54. Ella me ofrecía puro amor.

JANE SEYMOUR
Oh! Non io, non io, v'offria.

55. ¡Oh! Yo no, yo no te lo ofrecí.

Jane se aleja llorando.

ENRIQUE
Tu mi lasci?

56. ¿Me dejas?

JANE SEYMOUR
Il deggio.

57. Yo debo.

ENRIQUE
Arresta.

58. Quédate.

JANE SEYMOUR
Io noi posso.

59. No puedo.

ENRIQUE
Arresta: il voglio.
Già l'altar per te si appresta,
avrai sposo e scettro e soglio.

60. Escucha: te lo ordeno.
Ya para ti se prepara el altar,
tendrás esposo y cetro y trono.

JANE SEYMOUR
Ah, sire!

61. ¡Ah, señor!

ENRIQUE
Giunto è il giuorno di punire.

62. Está próximo el día del castigo.

JANE SEYMOUR
Ah, qual colpa?

63. ¿Ah, para cual culpa?

ENRIQUE
La più nera.

64. La más negra.

JANE SEYMOUR
Ah! Qual sia cercar non oso.
nol consente il core oppresso.
Ma sperar mi sia concesso
che non fia di crudeltà.

65. ¡Ah! Cualquiera que sea no oso buscarla.
Mi corazón oprimido no lo consiente.
Pero puedo esperar me sea concedido
que no sea por crueldad.

ENRIQUE
Tacqueta.

66. Cálmate.

JANE SEYMOUR

Non mi costi un regio sposo
più rimorsi per pietà.
Ah! Sperar mi fia concesso.
Non mi costi un regio sposo.

67. Que un regio esposo no me cueste
más remordimientos por piedad.
¡Ah! Que esperar me sea concedido.
Que no me cueste un regio esposo.

ENRIQUE

Deh! Rassicura il cor turbato,
nel tuo Re la mente aquieta,
ch'ei ti vegga ornai più lieta
dell'amor che sua ti fa.
Rassicura il cor turbato.

68. Reasegura tu corazón turbado,
que tu Rey aquiete tu mente,
que él ahora te vea contenta
del amor que te hace suya.
Reasegura tu corazón turbado.

Enrique se retira por la puerta secreta, Jane entra en el apartamento de la Reina.

ESCENA II
El parque en el Castillo de Windsor. Es de dia.

LORD ROCHEFORT

Chi veggo? ... In Inghilterra
tu, mio Percy?

Saludando a Percy

69. ¿A quién veo? ... ¿En Inglaterra
tú, Percy mío?

PERCY

Mi vi richiama, amico,
d'Enrico un cenno.
E al suo passaggio offrirmi
pria che il ciel tramonti,
è mio consiglio.
Dopo si lungo esilio
respirar l'aura antica e il ciel natio,
ad ogni core è dolce,
amaro al mio.

70. Amigo, una orden,
de Enrique me reclama.
Y a su paso me presentaré
antes de que el cielo se obscurezca,
esa es mi, mi intención.
Después de tan largo exilio
respirar el antiguo aire y ver el cielo natal,
es dulce para todos los corazones,
pero amargo para el mío.

LORD ROCHEFORT

Caro Percy!
Mutato il duol non t'ha cosi
che a ravvisarti pronto io non fossi.

71. ¡Querido Percy!
El dolor no te ha cambiado tanto
que no pueda reconocerte.

PERCY

Non è duolo il mio
che in fronte appaia
radunato è tutto nel cor profondo.
Io non ardisco, amico,
della tua suora avventurar inchiesta.

72. No es dolor el mío
que se muestre en la cara
está encerrado en el fondo de mi corazón.
Yo no me atrevo, amigo,
a preguntar por tu hermana.

LORD ROCHEFORT
Ella è Regina.
Ogni sua gioia è questa.

PERCY
E il ver parlò la fama?
Ella è infelice,
il Re mutato?

LORD ROCHEFORT
E dura amor contento mai?

PERCY
Ben dici, ben dici.
Ei vive privo di speme
come vive il mio.

LORD ROCHEFORT
Sommesso parla.

PERCY
E che temer degg'io?
Da quel di che, lei perduta
disperato in bando andai,
da quel di che il mar passai
la mia morte cominciò.
Ogni luce a me fu muta,
dai viventi io mi divisi,
ogni terra ov'io m'assisi
la mia tomba mi sembrò.

Se escuchan las trompetas de cacería

LORD ROCHEFORT
Già la caccia si raduna.
Taci, alcun udir ti può.

Llegan grupos de cazadores, pajes, escuderos y gente armada con picas

PERCY
Ed Anna anch'ella?

LORD ROCHEFORT
Ah!

73. Ella es la Reina.
Esa es toda su alegría.

74. ¿Y es cierto lo que se rumora?
¿Ella es infeliz,
el Rey ha cambiado?

75. ¿Y el amor siempre es feliz?

76. Bien dicho, bien dicho.
Su amor vive sin esperanza
como vive el mío.

77. Habla quedo.

78. ¿Y qué debo temer?
Desde aquel día en que la perdí
he andado desesperado en el exilio,
desde aquel día en que crucé el mar
comenzó mi muerte.
Toda la luz para mí fue obscura,
yo me separé de los vivos,
todos los lugares en donde estuve
me parecieron ser mi tumba.

79. Ya se reúnen los cazadores.
Calla, alguien puede oírte.

80. ¿Y Anna también ella?

81. ¡Ah!

PERCY
Anch'ella?

82. ¿También ella?

LORD ROCHEFORT
Acquetati Riccardo! Riccardo!

83. ¡Cálmate Ricardo! ¡Ricardo!

PERCY
Ah, ah!
Ah! Così nei di ridenti
del primier felice amore
palpitar sentiva il core
nel doverla, nel doverla riveder.
Di que' dolci e bei momenti
ciel pietoso, un sol mi rendi,
poi la vita mi riprendi,
perch'io mora di piacer, si.

84. ¡Ah, ah!
¡Ah! Así en los sonrientes días
de mi primer feliz amor
palpitar sentía el corazón
cada vez que la volvía a ver.
De aquellos dulces y bellos momentos
que el cielo misericordioso solo me dé uno,
y después que tome mi vida,
para que yo muera de placer, sí.

*La partida de caza se organiza en dos filas, Percy y Rochefort uno al lado del otro.
Llega el Rey y camina entre las dos filas, llega Anna con sus damas de compañia Percy
se situa de modo que el Rey pueda verlo.
Tambien están presentes Hervey y los guardias.*

ENRIQUE
Desta si tosto
e tolta oggi al riposo?

A Anna
85. ¿Tan temprano despierta
y privada hoy de descanso?

ANNA
In me potes più forte
che il desio del riposo
quel di vedervi.
Omai più di son corsi
ch'io non godea
del mio Signor l'aspetto.

86. En mi fue más fuerte
que el deseo del descanso
el deseo de verte.
Ahora han cursado muchos días
en que no he disfrutado
de semblante de mi Señor.

ENRIQUE
Molte mi stanno in petto
e gravi cure
né un momento solo
da voi ritrassi
il mio vegliante sguardo.
Voi qua, Percy!

87. Tengo muchos asuntos graves que atender
pero mi mente estaba en ti
en ningún momento
se quitó te ti
mi mirada vigilante.
¡Tú aquí Percy!

ANNA
Ciel! Chi vegg'io?
Riccardo!

Para si.
88. ¡Cielos! ¿A quién veo?
¡Ricardo!

ENRIQUE
Appressatevi.

PERCY
Io tremo.

ENRIQUE
Pronto, ven foste.

PERCY
Un solo istante, o Sire,
che indugiato mi fossi
a far palese il grato animo mio,
saria sembrato errore ad altri.
A me sembrò delitto.
La man che me proscritto
alla patria ridona
e al tetto antico
devoto io bacio.

ENRIQUE
Non la man d'Enrico.

Dell'innocenza vostra già de gran tempo
securtà mi diede chi, nudrito con voi,
con voi cresciuto,
conosce della vostr'alma il candore,
Anna alfin.

PERCY
Anna!

ANNA
Ah, non tradirmi o core!

PERCY
Voi, Regina!
E fia pur vero
che de mi pensier vi prese?
Voi?

ANNA
Innocente il Regno intero
vi credete e vi difese.

89. Acercarte.

90. Tiemblo.

91. Has venido muy pronto.

92. Un solo instante, Señor,
que me hubiera demorado
en mostrar mi agradecimiento
hubiera parecido error a otros.
Y a mí un delito.
La mano que me exilió
y me regresa a la patria
y a mi antigua casa
devoto yo beso.

93. No la mano de Enrique.
Retira su mano.
De la inocencia tuya desde hace mucho
tiempo, seguridad me dio quién llegó
contigo, y creció contigo, y
conoce de tu alma el candor,
finalmente Anna.

94. ¡Anna!

Para si.
95. ¡Ah, no me traiciones corazón!

96. ¡Usted, su alteza!
¿Es en verdad
que pensó en mí?
¿Usted?

97. El Reino entero te cree inocente
y te defiende.

ENRIQUE
E innocente io vi credei,
perché tale sembraste a lei.
Tutto il Regno, tutto il regno,
a me il credete.
tutto il Regno v'era invan,
v'era invan mallevador.

98. Y yo te creerla inocente,
porque así le pareciste a ella.
Todo el Reino, todo el reino
me cree.
En todo el Reino era en vano,
era vana tu certeza.

Se arrodilla ante Anna y le besa la mano.

PERCY
Ah, Regina!

99. ¡Ah, su alteza!

ANNA
O Dio! Sorgete, sorgete!

100. ¡Oh Dios! ¡Levántate, levántate!

LORD ROCHEFORT
Ei si perde!

Para si.
101. ¡Está perdido!

ANNA
0 Dio!

102. ¡Oh Dios!

LORD ROCHEFORT
Si perde!

103. ¡Está perdido!

ENRIQUE
Hervey!

104. ¡Hervey!

SIR HERVEY
Signor.

105. Señor.

*Percy se situa al lado de Rochefort,
mientras Enrique se mueve al lado opuesto con Hervey.
Anna queda al centro luchando por mantenerla calma.*

ANNA
Io sentii sulla mia mano
la sua lagrima corrente.
Della fiamma più cocente
si diffonde sul mio cor.

Para si.
106. Yo sentí en mi mano
correr sus lágrimas.
Y la flama más caliente
se difunde hasta mi corazón.

ENRIQUE
A te aspetta il far che vano
non riesca il grande intento
d'ogni passo, d'ogni accento
sil costante esplorator.

A Harvey.
107. De ti depende que mi plan
no corra el riesgo de salir mal
de todos los pasos, de todas las palabras
sé el constante espía.

SIR HERVEY
Non indarno il mio sovrano
in me fida, il suo disegno,
io sarò mia fé ne impegno,
de suoi cenni esecutor.

PERCY
Ah! Pensava a me lontano,
me ramingo non soffria,
ogni bene ol core obblia,
io rinasco e spero ancor.

LORD ROCHEFORT
Ah! Che fai! Ti frena, insano
ogni sguardo è in te rinvolto,
hai palese, hai scritto in volto
lo scompiglio del tuo cor.

CORO
Che mai fia? Si mite e umano
oggi il Re, si lieto in viso?
Mentitor è il suo sorriso
è foriero del furor.

ENRIQUE
Or che reso ai patrii lidi,
e assoluto appien voi siete
in mia Corte, fra i più fidi,
spero ben che rimarrete.

PERCY
Mesto, o Sire, per natura
destinato a vita oscura
mal saprei.

ENRIQUE
No, no, lo bramo.
Rochefort, lo affido a te.
Per la caccia ornai partiamo.
Anna, addio.

ANNA
Son fuor di me.

108. No en vano mi soberano
en mi confía su plan,
yo seré, mi honor lo demanda,
yo seré de vuestras ordenes ejecutor.

A Rochefort.
109. ¡Ah! Pensaba en mi tan lejano,
que no sufría por mi ausencia,
toda la alegría el corazón olvida,
yo renazco y aun espero.

A Percy.
110. ¡Ah! ¡Qué haces! Detente, loco
todas las miradas están sobre ti,
tienes manifiesto, tienes escrito en el rostro
la confusión de tu corazón.

111. ¿Qué pasará? ¿Si gentil y humano
hoy el Rey tiene contento el rostro?
Su sonrisa es una mentira
es la señal del furor.

A Percy.
112. Ahora que regresas a las playas de la patria,
ere plenamente absuelta
en mi Corte, entre los más fieles,
espero que permanezcas.

113. Soy melancólico por naturaleza, Señor
destinado a una vida obscura
difícilmente sabría.

114. No, no, así lo quiero.
Rochefort a ti te lo Gonfio.
Partamos hacia la cacería.
Adiós Anna.

Se inclina y dice para si.
115. Estoy fuera de mí.

ENRIQUE
Alla caccia.

ANNA
Son fuor di me.

LORD ROCHEFORT
Hai palese nel tuo volto
lo scompiglio del tuo cor.

ANNA
Ohimè, Ohimè!

ENRIQUE
Partiam, partiam.

TODOS
Questo di per noi spuntato
con si lieti e fausti auspici,
dai successi i più felice
coronato splenderà.

PERCY y ANNA
Ah! Per me non sia turbato
quando in del tramonterà.

LORD ROCHEFORT
Ah! Per lor non sia turbato
quando in del tramonterà.

ENRIQUE
Altra preda amico fato
né miei lacci guiderà.

TODOS
Questo di per noi spuntato.

116. A la cacería.

117. Estoy fuera de mí.

        A Percy
118. Se nota en tu rostro
        la confusión de tu corazón.

119. ¡Cielos!

120. Partamos, partamos.

121. Este día para nosotros ha despuntado
        con alegres y faustos auspicios,
        y con los sucesos más felices
        coronado brillará.

122. ¡Ah! Que para mí no sea tormentoso
        cuando el cielo se haya obscurecido.

123. ¡Ah! Que para ustedes no sea tormentoso
        cuando el cielo se haya obscurecido.

124. Otra presa destino amigo
        a mi lazo llevarás.

125. Este día ha despuntado para nosotros.

ESCENA III

Un gabinete en el Castillo de Windsor que conduce a la estancia de Anna.

SMETON

Tutto è deserto.	126. Todo está desierto.
Ai loro uffici intente	Buscaré entre sus cosas
stansi altrove le ancelle	las damas están en otra parte
e dove alcuna me qui vedesse,	y si alguna me viera aquí,
ella pur sa che	ella seguramente sabrá que
in quelle più recondite stanze	en su más privada estancia
anco tavolta ai privati concerti	a veces para conciertos privados
Anna m'invita.	Anna me invita.

El toma de su pecho un medallón con el retrato de Anna.

Questa da me rapita	Esto lo robé
cara immagine sua	su querida imagen
ripor degg'io pria	debo regresarlo antes de
che si scopra l'ardimento mio.	que sepa de mi atrevimiento.
Un bacio ancora, un bacio	Un beso, un beso
adorate sembianze.	otra vez adorado semblante
Addio, addio, beltade.	Adiós beldad,
che sul mio cor posavi,	que te posabas sobre mi Corazón,
e col mio core palpitar sembravi, addio.	y parecías palpitar con él, adiós.

Smeton se dispone a entrar en el departamento de Anna.

Odo rumor.	Oigo ruido.
S'appressa a queste stanze alcun,	Alguien se acerca a ésta estancia,
troppo indugiai.	me tardé mucho.

Se esconde detras de un biombo, Anna y Rochefort entran.

ANNA

Bada, bada tropp'oltre vai,	127. Cuidado, tú vas muy lejos,
troppo insisti o, fratello.	insistes mucho hermano mío.

LORD ROCHEFORT

Un sol momento	128. Por un solo momento
ti piaccia udirlo;	escúchalo;
alcun periglio,	ante un peligro,
il credi, correr non puoi	créelo, no puedes correr
bensi lo corri, e grave,	y si corres, es grave,

LORD ROCHEFORT
se fa' col tuo rigore
che il duol soverchi
ogni ragione in lui.

ANNA
Lassa!
E cagion del suo ritorno io fui!
Ebben, mel guida,
e veglia attento si
che a noi non giunga alcuno
che a me fedel non sia.

LORD ROCHEFORT
Riposa in me.

SMETON
Né uscir poss'io!

ANNA
Debole io fui!
Dovea ferma negar,
non mai vederlo.
Ahi! Vano di mía ragion consiglio
non ne ascolta la voce
il cor codardo.

Eccolo! Io tremo! Io gelo!

PERCY
Anna!

ANNA
Riccardo!
Sien brevi i detti nostri,
cauti, sommessi.
A rinfacciarmi forse
vieni la fè tradita?
Ammenda, il vedi
ampia ammenda ne feci,
ambiziosa, un serto io volli,
e un serto ebb'io di spine.

(continuó)
si con tu obstinación
haces que su pena controle
toda su razón.

129. ¡Cielos!
¡Yo fui la causa de su regreso!
Bien, guíalo hacia mí,
y vigila atento
que a nosotros no se acerque nadie
que no me sea fiel.

130. Confía en mí.

Se retira.

131. ¡No puedo salir!

132. ¡Yo fui débil!
Debí negarme firmemente,
y no verlo nunca más.
¡Ah! Inútil consejo de mi razón
no escucha mi voz
el cobarde corazón.

Entra Percy.

¡Aquí está! ¡Tiemblo! ¡Me congelo!

133. ¡Anna!

134. ¡Ricardo!
Que sean breves nuestras palabras,
cautas, en voz baja.
¿Vienes quizás a enfrentarme
con mi fidelidad traicionada?
Mira, esto lo hago por ti
y lo hago ampliamente,
ambiciosa, yo quise una corona,
y obtuve una corona de espinas.

PERCY

Io ti veggo infelice,
e l'ira a fine.
La fronte mia solcata
vedi dal duolo,
io tel perdono,
io sento che a te vicino
de miei passati guai
potrei scordarmi,
come, giunto a riva,
il naufragio nocchiero
i flutti obblia.
Ogni tempesta mia
in te s'acqueta
e vien da te mia luce.

ANNA

Misero!
E quale speme or ti seduce?
Non sai che sono moglie?
Che son Regina?

PERCY

Ah! non lo dir.
Nol debbo, nol vo saper
ah, solo Anna per me tu sei
Anna soltanto.
Ed io non son l'istesso Riccardo tuo
quel che t'amò cotanto,
quel che ad amare t'insegnò primiero?
E non t'aborre il Re?

ANNA

M'aborre, è vero.

PERCY

S'ei t'aborre, io t'amo ancora.
qual t'amava in basso stato,
qual t'amava t'amo ancora;
meco oblia di sposo ingrato
il disprezzo ed il rigor.
Un amante che t'adora
non posporre a rio Signor.

135. Yo te veo infeliz,
y mi ira ha terminado.
Mira mi frente surcada
por el dolor,
yo te perdono,
yo siento que cerca de ti
de mi pasado
podré olvidarme,
como al llegar a la rivera,
el náufrago marinero
el oleaje olvida.
Todas mis tempestades
se calman contigo
y mi luz viene de ti.

136. ¡Pobre de ti!
¿Y cuál esperanza tienes ahora?
¿No sabes que soy esposa?
¿Que soy Reina?

137. Ah, no lo digas.
No debo, no quiero saberlo
ah, para mi tu solo eres Anna
solo Anna.
¿Y yo no soy tu mismo Ricardo
aquel que te amó tanto,
aquel que a amar te enseñó primero?
¿Y no te aborrece el Rey?

138. Me aborrece, es verdad.

139. Si él te aborrece, yo aún te amo,
como te amaba en mi humilde condición,
como te amaba todavía te amo;
conmigo olvida el desprecio y el rigor
de tu esposo ingrato.
No prefieras a un cruel Señor
que a un amante que te adora.

ANNA
Ah, non ai che i miei legami
come sacri, orrendi sono,
che con me s'asside in trono
il sospetto ed il terror.
Ah! Mai più, s'è ver che m'ami
non parlar con me d'amor.

PERCY
Ah, crudele!

ANNA
In Inghilterra
non ti trvi il nuovo albor.

PERCY
Ah! Cadavere sotterra
eì mi trovi
o teco ancor.

ANNA
Fuggi.

PERCY
No.

ANNA
Riccardo!

PERCY
Sotterra!

ANNA
Ah! Per pietà del mio spavento
dell'orrore in cui mi vedi,
cedi al prieghi, al pianto mio,
ci divida e terra e mar.
Cerca altrove un cor felice
cui non sia delitto amar,
per pietà, per pietà.

PERCY
Presso a te mi fia contento
il soffrir ed il penar.

140. Ah, no sabes que mis obligaciones
son tan sagradas como horribles,
que conmigo se sientan en el trono
la sospecha y el terror.
¡Ah! Nunca masi es verdad que me amas
no me hables de amor.

141. ¡Ah, cruel!

142. Que en Inglaterra
no te encuentre el nuevo día.

143. ¡Ah! Que me encuentre como un cadáver
bajo tierra
o junto a ti.

144. Huye.

145. No.

146. ¡Ricardo!

147. ¡Enterrado!

148. ¡Ah! Por piedad de mi miedo
y del horror en que me ves,
cede a mi ruego y al llanto mío,
que nos separen la tierra y el mar.
Busca en otra parte un corazón feliz
al que no sea delito amar,
por piedad, por piedad.

149. Cerca de ti, mi sufrir y mi penar
me hacen feliz.

ANNA
Alcun potria
ascoltarti in questa mura.

150. Alguien podría
escucharte en éstos muros.

PERCY
Partirò, ma dimmi pria
ti vedrò? Prometti, giura.

151. ¿Partiré, pero primero dime
te veré? Promételo, júramelo.

ANNA
No. Mai più.

152. No. Nunca más.

PERCY
Mai più! Mai più!
Sia quest la risposta al tuo giurar.

153. ¡Nunca más! ¡Nunca más!
Que ésta sea la respuesta a tu juramento.

Desenvaina su espada para suicidarse.

ANNA
Ah, che fai?

154. ¿Ah, qué haces?

PERCY
No!

155. ¡No!

ANNA
Spietato!

156. ¡Despiadado!

Corre hacia ellos creyendo que Percy amenaza a Anna.

SMETON
Arresta!

157. ¡Detente!

ANNA
Giusto cielo!

158. ¡Santo cielo!

PERCY
Non t'appressar.

159. No te acerques.

Smeton y Percy intentan pelear entre si.

ANNA
Deh! Fermate, fermate,
io son, io son perduta,
giunge alcuno,
io più non reggo.

160. ¡Vamos! Deténganse, deténganse,
estoy, estoy perdida,
alguien viene,
no puedo más.

Se desmaya.

LORD ROCHEFORT
Ah! Sorella.

SMETON
Ella è svenuta.

LORD ROCHEFORT
Giunge il Re.

SMETON
Il Re!

PERCY
Il Re!

ENRIQUE
Che veggo?
Destre armate in queste soglie!
In mia regia nudia acciar!
Olà guardie!

PERCY
Avversa sorte!

CORO
Che mai fu?

SMETON
Che dir? Che far?

PERCY
Avversa sorte!

ENRIQUE
Tace ognuno, è ognun tremante!
Qual mistero,
qual misfatto or qui s'ordia?
Io gia leggo nel sembiante
io vi leggo che compiuta,
che compiuta è l'onta mia;
testimonio è il Regno intero
che costei tradiva il Re.

Llega corriendo muy asustado.
161. ¡Ah! Hermana.

162. Ella se ha desmayado.

163. Viene el Rey.

164. ¡El Rey!

165. ¡El Rey!

Entran Enrique y Hervey.

166. ¿Qué veo?
¡Manos armadas en ésta estancia!
¡En mi palacio, aceros desnudos!
¡Guardias!

*Ante el llamado llegan corriendo los guardias,
cortesanos, damas y pajes seguidos por Jane.*

167. ¡Suerte adversa!

168. ¿Qué ha pasado?

169. ¿Qué decir? ¿Qué hacer?

170. ¡Suerte adversa!

171. ¡Todos callan, y todos tiemblan!
¿Qué misterio,
qué fechoría se urdía aquí?
Yo ya leo en el semblante
yo leo que completa,
que completa es mi vergüenza;
testigo es el Reino entero
de que ellos traicionaron al Rey.

SMETON
Sire, ah, Sire, non è vero,
io lo giuro al vostro piè.

ENRIQUE
Tanto ardisci!
Tanto ardisci!
Al tradimento già sì esperto,
o giovinetto?

SMETON
Uccidetemi s'io mento,
nudo, inerme io v'offro il petto.

ENRIQUE
Cosi esperto!

SMETON
Si, nudo, inerme io v'offro il petto.

172. Señor, ah, Señor no es verdad,
lo juro a vuestros pies.

173. ¡Cuánto atrevimiento!
¡Cuánto atrevimiento!
¿Eres experto para la traición,
oh jovencito?

174. Máteme si miento,
des nudo e inerme os ofrezco mi pecho.

175. ¡Tan experto!

176. Si, desnudo e inerme os ofrezco mi pecho.

*Smeton se desgarra las vestiduras mostrando su pecho,
el medallón con el retrato de Anna cae a los pies del Rey.*

ENRIQUE
Quel monile?

SMETON
Oh, ciel!

ENRIQUE
Che vedo?

177. ¿Qué esa joya?

178. ¡Oh, cielos!

179. ¿Qué veo?

Reconoce el medallón.

SMETON
Oh, del!

ENRIQUE
Al mio sguardo appena il credo.
Del suo nero tradimento
ecco il vero accusator.

PERCY
Anna, o angoscia!

SMETON
O spavento!

180. ¡Oh, cielos!

181. Apenas creado que veo.
De su negra traición
aquí está el verdadero acusador.

182. ¡Anna, qué angustia!

183. ¡Oh, cuánto miedo siento!

PERCY
Anna! Anna!

SMETON
O spavento!

ANNA
Ove sono?

ENRIQUE
Ecco il tradimento.

ANNA
Ove sono?
Ah, mio Signor!

184. ¡Anna! ¡Anna!

185. ¡Oh, cuánto miedo siento!

Despierta.
186. ¿En dónde estoy?

187. Aquí está la traición.

188. ¿En dónde estoy?
¡Ah, mi Señor!

Se acerca al Rey, que esté temblando de rabia.

In quegli sguardi impresso
il tuo sospetto io vedo;
ma, per pietà lo chiedo,
non condannarmi, o Re
Lascia che il core oppresso
torni fra poco in sé.

En esa mirada veo
impresa tu sospecha;
pero por piedad, yo pido,
que no me condenes, oh Rey
Deja que el corazón oprimido
dentro de poco vuelva en sí.

ENRIQUE
Del tuo nefando eccesso
vedi in mia man la prova.
Il lagrimar non giova,
fuggi lontan da me.
Poter morire adesso
meglio seria per te.

189. De tu nefasto exceso
ve en mi mano la prueba.
El llorar es inútil,
huye lejos de mí.
Poder morir ahora
mejor sería para ti.

PERCY
Cielo! Un rivale in esso,
un mio rival felice!
E me ingannatrice
volea bandir da sé?
Ah, tutta ti sfoga adesso,
ira del fato, in me.
Poter morire adesso,
meglio saria per me.

Para si.
190. ¡Cielos! ¡Un rival en Smeton,
un feliz rival mío!
¿Y la engañadora
quena desterrarte?
Ah, desahoga entonces,
toda tu ira en mí.
Entonces podré morir,
y mejor sería para mí.

JANE SEYMOUR
All'nfelice appresso
poss'io trovarmi? O cielo!
Ah, preso d'orror, di gelo,
come il mio cor non è.
Spense il mio nero eccesso
ogni virtude in me.

Para si.
191. ¿Podré encontrarme cercana
a la infeliz mujer? ¡Oh cielo!
Ah, preso del horror, y del hielo,
no hay otro como mi corazón.
Mi negro pecado ha extinguido
toda virtud en mí.

SMETON, LORD ROCHEFORT
Ah, l'ho perduta io stesso
colma ho la sua sventura!
Non mi sostien il piè.

Para si.
192. ¡Ah, yo mismo causé su ruina
he colmado su desventura!
No me sostiene el pie.

ENRIQUE
In separato carcere
tutti costor sien tratti.

193. Que a calabozos separados
sean llevados todos.

ANNA
Tutti?

194. ¿Todos?

ENRIQUE
Si!

195. ¡Si!

ANNA
Deh! Sire!

196. ¡Señor!

ENRIQUE
Scostati!

197. ¡Apártate!

ANNA
Un detto sol.

198. Solo una palabra.

ENRIQUE
Ritratti!

199. ¡Retírate!

ANNA
Sire!

200. ¡Señor!

ENRIQUE
Scostati!

201. ¡Apártate!

**JANE SEYMOUR, SMETON, PERCY
LORD ROCHEFORT**
È scritto il suo morir!

202. ¡Está escrita su muerte!

ENRIQUE
In separato carcere.

203. En calabozos separados.

ANNA
Un detto, un detto solo!

204. ¡Una palabra, solo una palabra!

ENRIQUE
Non io, sol denno i giudici,
la tua discolpa udir.

205. Yo no, solo los jueces,
podrán oír tu disculpa.

ANNA
Giudici! Ad Anna!
Ah!

206. ¡Jueces! ¡Para Anna!
¡Ah!

Ah! Segnata è la mia sorte,
se mi accusa chi condanna.
Ah, di legge si tiranna
al poter soccomberò.
Ma scolpata dopo morte
e assoluta appien sarò.

Para si.
¡Ah! Sellado está mi destino
si mi acusador es quien me condena.
Sucumbiré al poder
de las leyes tiranas.
Pero exculpada después de la muerte
y absuelta plenamente seré.

Un detto solo.
Deh! Per pietade!
Non condannarmi
ascolta, ah, sposo!

A Enrique.
Solo una palabra.
¡Por piedad!
¡No me condenes
escúchame, ah, esposo!

Ah! Segnata è la mia sorte.

Para si.
¡Ah! Sellado está mi destino.

**JANE SEYMOUR, SMETON, PERCY,
LORD ROCHEFORT**
Ah! Segnata è la mia sorte
a sfuggirla ogni opera è vana
arte in terra o forza umana
mitigarla omai non può.
Nel mio core è già la morte
e la morte ancor non ho.

207.
¡Ah! Sellado está mi destino,
para evadirlo, todo esfuerzo es vano
ni las artes terrestres ni la fuerza humana
podrán mejorarlo.
En mi corazón está ya la muerte
pero todavía no he muerto.

ENRIQUE
Si, segnata è la tua sorte
se un sospetto aver poss'io
chi divide il soglio mio
macchia in terra aver non può.

208. Si, sellada está tu suerte
porque tengo una sospecha
y quien comparte mi trono
no puede tener mancha.

Scostati. Va!
Mi fa pena la tua morte
ma la morte a te darò.
Va! No! Scostati, va!

CORO
Ah! Di quanti avversa sorte
mali afflisse il soglio inglese,
un funesto in lui non scese
pari a quello che scoppiò.
Innocenza ha qui la morte
che il delitto macchinò.

A Anna

209. Apártate. ¡Vete!
Me apena tu muerte
pero la muerte te daré.
¡Vete! ¡No! ¡Apártate, vete!

210. ¡Ah! Cuanta mala suerte
aflige al trono inglés,
la fatalidad sobre él no cesa
parece algo que estalló.
Inocencia recibe aquí la muerte
que el delito maquinó.

Acto II

ESCENA I

En Londres. Antecámara que lleva a la celda
en donde Anna se encuentra prisionera.
Dos guardias vigilan la puerta.

CORO

Oh! Dove mai ne andarono
le turbe adulatrici
che intorno a lei venivano
né giorni suoi felici!
Seymur, Seymur medesima
da lei si allontanò
Ma noi per sempre, o misera
sempre, sempre con te saremo.
O il tuo trionfo apprestisi.
O il tuo disastro estremo.
Pochi il destin, ma teneri
cori per te lasciò.
Eccola, afflitta e pallida
move a fatica il piè.

211. ¡Oh! ¿En dónde andará
la turba aduladora
que venía en torno a ella
en sus días felices?
La misma Seymur
de ella se alejó
Pero nosotros por siempre, pobre
siempre, siempre estaremos contigo.
O hasta que logres el triunfo.
O tú desastre final.
El destino te ha dejado pocos
pero tiernos corazones.
Hela ahí, afligida y pálida
mueve fatigada sus pies.

Entra Anna, todas las damas la rodean, ella se sienta y suspira.

ANNA

Ah!

212. ¡Ah!

CORO

Regina! Rincoratevi
nel ciel ponete fede.
Hanno confin le lagrime
perir virtù non può.
Pochi il destin, ma teneri
cori per voi lasciò.

213. ¡Reina! No te descorazones
tu fe ponla en el cielo.
Las lágrimas tienen fin
la virtud no puede perecer.
El destino te ha dejado
pocos pero tiernos corazones.

CORO
Hanno confin le lagrime
perir virtù non può.

(continuó)
Las lágrimas tienen fin
pero la virtud no puede perecer.

Entra Hervey.

SIR HERVEY
Regina!
Duolmi l'amaro incarco
a cui m'elegge il Consiglio de' Pari.
Ei queste ancelle chiama
al suo cospetto.

214. ¡Su Alteza!
Me duele el amargo encargo
que el Consejo de los Pares me ha asignado.
El llama a las damas de compañía
a su presencia.

ANNA
Dell'innocenza mia
voi testimoni siate,
tenere amiche.

215. De mi inocencia
sea usted testimonio,
tierno amigo.

CORO
O! Di funesto!

216. ¡Oh! ¡Día funesto!

ANNA
Andate.

Abrazándolas.
217. Vayan.

Las damas parten con Hervey.
Anna alza sus manos al cielo, se arrodilla y reza.

Dio, che mi vedi in core
mi volgo a te, o Dio.
Se meritai quest'onta
giudica tu, o Dio.

Dios que ve mi corazón
me volteo hacia ti, oh Dios.
Si merezco ésta ignominia
juzga tu oh Dios.

Anna se sienta y llora, Jane entra.

JANE SEYMOUR
Piange l'affilitta.
Ahi! Come ne sosterrà lo sguardo?

218. Llora afligida.
¡Ah! ¿Cómo le sostendré la mirada?

ANNA
Ah! Sì,
gli affanni dell'infelice Aragonese
inulti esser non denno,
e a me terrbil pena
il tuo rigor destina.
Ma terribile, e troppo troppo.

219. ¡Ah! Si,
las penas de la infeliz aragonesa
no han sido vengadas,
y su rigor a mi destina
una terrible pena.
Pero todo es terrible terrible.

JANE SEYMOUR

O, mia Regina!

ANNA

Seymour! A me ritorni!
Non m'obbliasti tu?
Sorgi.
Che veggo?
Impallidisci? Tremi?
A me tu rechi
nuova sventura forse?

JANE SEYMOUR

Orrenda, estrema.
Gioia poss'io recarvi?
Ah! No m'udite.
Tali son trame ordite
che perduta voi siete.
Ad ogni costo vuol franti il Re
gli sciagurati nodi che vi stringono a lui.
La vita almeno
se non il regio nome
la vita almen, deh, voi salvate!

ANNA

E come? Spiegati.

JANE SEYMOUR

Nel dirlo io tremo,
pur dirlo io degg'io.
Il confessarvi rea,
dal Re vi scioglie
e vi sottragge a morte.

ANNA

Che dici tu?

JANE SEYMOUR

La sorte che vi persegue,
altro non lascia a voi
mezzo di scampo.

ANNA

E consigliar mel puoi?
Tu, mia Seymour!

Se arrodilla a los pies de Anna.

220. ¡Oh, Reina mía!

221. ¡Seymour! ¡Regresas a mí!
      ¿Tú no me olvidaste?
      Levántate.
      ¿Qué veo?
      ¡Palideces! ¡Tiemblas?
      ¿Acaso me traes alguna
      nueva desventura?

222. Horrible, extrema.
      ¿Puedo traerle alegría?
      ¡Ah! No, escuchadme.
      Esas son tramas urdidas
      y vos estáis perdida.
      A toda costa el Rey quiere romper
      los lazos que os unen a él.
      ¡Al menos la vida
      si no el nombre real
      al menos salvad la vida!

223. ¿Y cómo? Explícate.

224. Tiemblo al decirlo,
      pero debo decirlo.
      Si os confesáis culpable,
      si deshacéis los lazos con el Rey
      E vita reis tu muerte.

225. ¿Qué dices?

226. El destino que os persigue,
      no os deja otro medio
      de escape.

227. ¿Y me aconsejas eso?
      ¡Tú, Seymour mía!

JANE SEYMOUR
Deh! Per pietà.

ANNA
Ch'io compri coll'infamia la vita?
E tu, Seymour,
tu consigliar mel puoi!

JANE SEYMOUR
E infamia e morte volete voi?
Regina! O del cedete!
Ve ne consiglia il Re,
ve ne scongiura la sciagurata
che l'amor d'Enrico
ha destinato al trono.

ANNA
Oh! Chi è costei?
La conosci? Favella.
Ardire ell'ebbe
a consigliarmi una viltà?
Viltade alla Regina sua!
Parla, chi è dessa?

JANE SEYMOUR
Un'infelice.

ANNA
E tal facea me stessa.
Sul suo capo aggravi un Dio
it suo braccio punitore.

JANE SEYMOUR
Deh! Mi ascolta, deh!

ANNA
Al par di mio
sia straziato il vil suo core.

JANE SEYMOUR
Ah, perdono!

ANNA
Sia di spine
la corona ambita al crine.

228. ¡Ah! Por piedad.

229. ¿Que yo compre con infamia la vida?
¡Y tu Seymour,
puedes aconsejarme eso!

230. ¿E infamia y muerte deseáis vos?
¡Su Alteza! ¡Cielos ceda!
Os lo aconseja el Rey,
os lo aconseja la desdichada
que el amor de Enrique
ha destinado al trono.

231. ¡Oh! ¿Quién es ella?
¿La conoces? Dime.
¡Se atreve ella
a aconsejarme una vileza?
¡Vileza a su Reina!
¿Habla, quién es ella?

Sollozando.
232. Una infeliz.

233. Y esto me lo hace a mí.
Sobre su cabeza alza un Dios
su brazo punitivo.

234. ¡Cielos! ¡Escuchadme!

235. Que a la par del mío,
le sea destrozado su vil corazón.

¡Ah, perdón!

236. Que sea de espinas
la corona que ambiciona en sus sienes.

JANE SEYMOUR
Perdono! Ascolta
Deh! Per pietà, m'ascolta.

237. ¡Perdón! Escuche
por piedad, escuchadme.

ANNA
Sul guanciale del reggio letto
sia la tema ed il sospetto.
Fra lei sorga e il reo suo sposo
il mio spettro minaccioso,
e la scure a me concessa,
più crudel, le neghi il Re.

Como viendo visiones.
238. Que sobre la almohada del regio lecho
esté el temor y la sospecha.
Que entre ella y su criminal esposo
surja mi espectro amenazante,
y que el hacha a mi concedida,
más cruel se la conceda el Rey.

JANE SEYMOUR
Ah!

239. ¡Ah!

Se cubre el rostro.

ANNA
E la scure a me concessa.

240. Y que el hacha a mi concedida.

JANE SEYMOUR
Ah, ria sentenza!
Io moro, ah, basti!
ah, Basti, Ah, Basti, per pietà!

241. ¡Ah, cruel sentencia!
¡Yo muero, ah, basta!
¡Ah, basta, ah, basta, por piedad!

ANNA
No, il mio, spettro.

242. No, mi espectro.

JANE SEYMOUR
Deh, basti per pietà!

243. ¡Basta, por piedad!

ANNA
Minaccioso.

244. Amenazante.

JANE SEYMOUR
Per pietà!

245. ¡Por piedad!

ANNA
Il mio spettro.

246. Mi espectro.

JANE SEYMOUR
Per pietà! Basti!

Postrándose.
247. ¡Por piedad! ¡Basta!

ANNA
Tu! Che ascolto?

248. ¡Tu! ¿Qué escucho?

JANE SEYMOUR
Ah! Si prostrata è al tuo piè
la traditrice.

ANNA
Mia rivale!

JANE SEYMOUR
Ma straziata
dal rimorso ed infelice.

ANNA
Tu!
Fuggi, fuggi.

JANE SEYMOUR
Ah, no. Perdono!

ANNA
Che ascolto?

JANE SEYMOUR
Ah, perdono!

ANNA
Fuggi, fuggi.

JANE SEYMOUR
Ah, perdono!

ANNA
Tu! Mia rivale! Dio!
Tu? Tu? Seymour? Mia rivale?

JANE SEYMOUR
Ah, perdono!
Dal mío cor punita io sono.
Inesperta, lusingata,
infelice, fui sedotta,
inesperta, lusingata.

ANNA
Ella! Mia rivale! Ah, ella! Dio!

249. ¡Ah! Si postrada está a tus pies
la traidora.

250. ¡Mi rival!

251. Pero afligida e infeliz
por el remordimiento.

252. ¡Tu!
Vete, vete.

253. Ah, no. ¡Perdón!

254. ¿Qué escucho?

255. ¡Ah, perdón!

256. Vete, vete.

257. ¡Ah, perdón!

258. ¡Tu! ¡Mi rival! ¡Dios!
¿Tu? ¿Tu? ¿Seymour? ¡Mi rival?

259. ¡Ah, perdón!
He sido castigada en mi corazón.
Inexperta, halagada,
infeliz, fui seducida,
inexperta, halagada.

260. ¡Ella! ¡Mi rival! ¡Ah, ella! ¡Dios!

JANE SEYMOUR

Amo Enrico e n'ho rossore
ah! mio suplizio è questo amore.

261. Amo a Enrique y me sonrojo,
mi suplicio es éste amor.

ANNA

Fuggi.

262. Vete.

JANE SEYMOUR

Gemo e piango, e dal mio pianto.
Ah! Soffocato amor non è.

Sollozante.
263. Gimo y lloro y de mi llanto.
¡Ah! Mi amor no se ha extinguido.

ANNA

Va. Ah, vanne, fuggi.
Tu, mia rivale? Fuggi.
Sorgi, sorgi
è reo soltanto
chi tal fiamma accese in te.

264. Vete. Ah, desvanécete, vete.
¿Tu, mi rival? Vete.
Levántate, levántate.
El culpable es él
que tal flama ha encendido en ti.

Anna levanta a Jane y la abraza.

Va', infelice e teco reca
il perdono di Bolena,
nel mio duol furente e cieca
t'imprecai terribil pena.
La tua grazia or chiedo a Dio
e concessa a me sarà
Te prometo en éste adios
l'amor mio, la mia pietà.

Vete infeliz, y contigo lleva
el perdón de Bolena,
en mi dolor, furiosa y ciega
te causé terrible pena.
Tu perdón ahora pido a Dios
y me será concedido
Ti remanga in queso adió
el amor mío y mi piedad.

JANE SEYMOUR

Ah! Peggiore è il tuo perdono
dello sdegno ch'io temes.
Punitor mi lasci un trono
del delitto ond'io son rea.
Là m'attende un giusto Iddio,
che per me perdon non ha.
Ah! Primiero è questo amplesso
de' tormenti che mi dà.

265. ¡Ah! Peor es tu perdón
que el desprecio que yo temía.
Me dejas un trono como castigo
del pecado del que soy culpable.
Allá me espera un justo Dios,
que no tiene perdón para mí.
Ah! El primer tormento que me da
es éste abrazo.

ANNA

Infelice, no sei rea.
La tua grazia or chiedo a Dio,
e concessa a me sarà.

266. Infeliz, no eres culpable.
Tu perdón le pido a Dios,
y me será concedido.

Anna entra en su estancia. Jane parte muy afligida.

ESCENA II

En el vestíbulo de la sala en donde se reune el Consejo de los Pares.
Las puertas están cerradas y custodiadas porla guardia.

CORO I
Ebben? Dinanzi ai giudici
quale dei rei fu tratto?

267. ¿Bien? ¿Frente a los jueces
cuál de los acusados fue traído?

CORO II
Smeton.

268. Smeton.

CORO I
Ha forse il giovane
svelato alcun misfatto?

269. ¿Tiene quizás el joven
revelado algún crimen?

CORO II
Ancor l'esame ignorasi,
chiuso tuttora egli è.

270. Su testimonio todavía se ignora,
él está aún ante el Consejo.

TODOS
Ah! Tolga il del che il debole
ed inesperto core
sedur si lasci o vincere
da speme o da timore!
Tolga ch'ei mai dimentichi
che accusatore è il Re.

271. ¡Ah! ¡Quiera el cielo que el débil
e inexperto corazón
no se deje seducir o vencer
por la esperanza o por el temor!
Ojalá que él no olvide
que el acusador es el Rey.

Se abren las puertas y sale Hervey.

Ecco, ecco Hervey.

Aquí está Hervey.

SIR HERVEY
Si guidino Anna e Percy.

A los guardias.
272. Traigan a Anna y a Percy.

CORO
Che fia? Che fia?

273. ¿Qué ha pasado? ¿Qué ha pasado?

SIR HERVEY
Smeton parlò.

274. Smeton habló.

CORO
L'improvvido Anna accusata avria?
Hervey, deh! Paria.
Anna accusata avria?

275. ¿Habrá acusado el insensato a Anna?
Vamos Hervey habla.
¿Acusó a Anna?

SIR HERVEY
Colpa ei svelò che fremere
ed arrosir ne fè.

CORO
Ah!

SIR HERVEY
Ella è perduta, ahi misera,
alla arosir ne fè.

CORO
Ahi, misera! Accusatore è il Re.
Ella è perduta, ahi misera!

SIR HERVEY
Scostatevi, il Re giunge.

Sale Enrique.

E dal Consesso che vi allontana?

ENRIQUE
Inopportuna era la mia presenza
Il primo colpo è sceso.
Chi lo scagliò si asconda.

SIR HERVEY
Oh! Come al laccio Smeton cadea!

ENRIQUE
Nel carcer suo
ritorni il giovin cieco,
e a creder segua ancora,
finché sospesa è l'ora
della vendetta mia,
Ella si appressa.

SIR HERVEY
E quinci vien condotto Percy
fra suoi custodi.

ENRIQUE
Si eviti.

276. Reveló un crimen que nos
hizo enfurecer y sonrojar.

277. Ah!

278. Ella está pérdida, pobre mujer,
ella nos hizo sonrojar.

279. ¡Pobre de ella! El acusador es el Rey.
¡Ella está pérdida, pobre mujer!

280. Apártense, llega el Rey.

¿Y usted se aleja del Consejo?

281. Mi presencia era inoportuna
El primer golpe está dado.
Que se esconda el que lo dio,

282. ¡Oh! ¡Como cayó Smeton en el lazo!

283. Que a su celda
retome el joven ciego,
y que todavía siga creyendo,
hasta la hora de mi venganza
que salvó la vida de Anna,
Ella se acerca.

284. Y ahí viene Percy conducido
por sus custodios.

A punto de retirarse.

285. Los evitaré.

Anna y Percy entran por lados opuestos, rodeados por guardias.
Enrique trata de alejarse.

ANNA
Arresta, Enrico, t'arresta e m'odi.

ENRIQUE
Ti udrà il Consiglio.

ANNA
Ai piedi tuoi mi postro,
svenami tu,
ma non espormi, o Sire,
all'onta d'un giudizio,
il regio nome
fa che in me rispetti.

ENRIQUE
Hai rispettato
il regio grado tu?
Moglie d'Enrico
ad un Percy scendevi.

PERCY
E tu di questo dispregiato Percy
non isdegnasti farti rivale,
e a lui l'amante hai tolta.

ENRIQUE
Fellone! Tant'osi?

PERCY
Il ver parlarti. Ascolta.
Sarò fra poco innanzi
a tribunal più santo e più tremendo,
che il tuo no sia.
Giuro per quello, io giuro,
ch'ella non, non ti offendea,
che me scacciava.
che all'audace mia speme
ardea di sdegno.
Giuro che.

ENRIQUE
Dell'amor suo più degno
un vil paggio rendeva.
Egli il confessa
e cento ne adduce testiomoni.

Se acerca al Rey.

286. Detente Enrique, detente y óyeme.

287. El Consejo te oirá.

288. Me postro a tus pies,
mátame tu,
pero no me expongas, oh Señor,
a la vergüenza de un juicio,
haz que el real nombre
se respetado en mí.

289. ¿Haz respetado
tú el regio rango?
La esposa de Enrique
se rebajó hasta un Percy.

290. Y tú a éste desprestigiado Percy
no lo desdeñaste para hacerlo tu rival,
y a él le has robado su amante.

291. ¡Mentiroso! ¿Cómo te atreves?

292. Digo la verdad. Escucha.
Dentro de poco estaré frente
al tribunal más sagrado y más tremendo,
más tremendo que lo que sería el tuyo.
Juro, yo juro,
que ella no te ofendió,
que me rechazó.
Que ante mi audaz esperanza
ella ardió de indignación.
Juro que.

293. Ella rendía su amor más digno
a un vil paje.
Él lo confiesa
y citó a cien testigos.

46

ANNA

Taci, taci, cessa!
A questa iniqua accusa
mia dignità riprendo,
ed altamente
di Smeton seduttor
te, io grido, odi,
si, tu sei!

ENRIQUE

Audace donna!

ANNA

Si, tu sei!

ENRIQUE

Audace!

ANNA

Io sfido
tutta la tua possanza.
Ella può darmi morte
ma non infamia.
È mio delitto
l'aver prosposto
al trono un nobil core,
come il cor di Percy,
l'aver creduta felicità suprema
l'esser d'un Re consorte.

PERCY

O, gioia estrema!
No, cosi turpe affetto
tu non nudrivi,
io ne son certo,
si, ne son certo,
e lieto con tal certezza
il mio destin attendo,
ma tu vivrai,
si, tu vivrai.

ENRIQUE

Che intendo?

294. ¡Calla, calla, detente!
¡Ante ésta malévola acusación
yo retomo mi dignidad,
y proclamo a viva voz
que el seductor de Smeton
eres tú, yo grito, óyeme,
si, tú eres!

295. ¡Qué mujer tan audaz!

296. ¡Si, tú eres!

297. ¡Audaz!

298. Yo desafío
todo tu poder.
Ella puede darme muerte
pero no infamia.
Mi delito es haber
preferido un trono,
que un noble corazón,
como el corazón de Percy,
el haber creído que la suprema felicidad
es el ser la consorte de un Rey.

299. ¡Oh, felicidad extrema!
No, un amor como ese
tú no sentías,
estoy seguro de eso,
sí, estoy seguro,
y feliz con tal certeza
espero feliz mi destino,
pero tú vivirás,
si, tú vivirás.

300. ¿Qué es lo que oigo?

PERCY
Sposi noi siam.

ENRIQUE
Voi sposi?

ANNA
Ah! Che di tu?

ENRIQUE
Tant'osi? Tant'os'?

PERCY
Riprendo i dritti miei,
ella sia resa a me.

ENRIQUE
E sposa sua tu sei?

ANNA
Io?

ENRIQUE
Sposa sua tu sei?

PERCY
Puoi negarlo?

ANNA
Io?

PERCY
Puoi negarlo?

ENRIQUE
Ebben?

ANNA
Ahimè!

PERCY
Fin dall'età più tenera
tu fosti mia, io sai,
tu mi tradisti, io, misero
anche infedel t'amai.

301. Nosotros estamos casados.

302. ¿Casados ustedes?

303. ¡Ah! ¿Qué dices?

304. ¿Te atreves a tanto?

305. Retomo mi derecho,
que ella sea regresada a mí.

A Anna.
306. ¿Y tú ere esposa suya?

307. ¿Yo?

308. ¿Eres su esposa?

309. ¿Podrías negarlo?

310. ¿Yo?

311. ¿Podrías negarlo?

312. ¿Y bien?

Para si.
313. ¡Cielos!

314. Al final de tu edad más tierna
tú fuiste mía, lo sabes,
tú me dejaste, pobre de mí
y aun siéndome infiel, yo te amé.

PERCY

Quel che mi t'ha rapita
ti toglie onore e vita.
Le braccia io t'apro, io voglio
renderti vita e onore.

ANNA

Ah! Del tuo cor magnanimo
qual prova a me tu dai?
Perisca il di che perfida
tu pel crudel lasciai!
M'ha della fe tradita,
m'ha il giusto Ciel punita,
io non trovai nel soglio
altro che affanno e orror.

ENRIQUE

Chiaro è l'inganno inutile,
chiara la trama assai,
ma, coppia rea non creder
ch'io ti smentisca mai.
Coppia rea!
Chiaro è l'inganno omai, o coppia rea!

PERCY

Che fosti mia lo sai!
Io ti perdono.
Le braccia t'apro, si
e voglio renderte vita e onor.

ENRIQUE

Al consiglio sien tratti, o custodi.

ANNA

Anco insisti?

PERCY

Il Consiglio ne ascolti.

ANNA

Anco insisti?

PERCY

Il Consiglio ne ascolti.

(continuó)

Aquel que de mi te ha raptado
te quitó el honor y la vida.
Yo te abro los brazos y quiero
restituirte vida y honor.

315. ¡Ah! ¿De tu corazón magnánimo
cual prueba me das a mí?
¡Que muera el día que pérfida
te deje por ese cruel!
Pero por la fe traicionada,
me ha castigado el justo cielo,
yo no encontré en el trono
otra cosa que angustia y horror.

316. Claro es el inútil, engaño,
clara es también la trama,
pero, pareja culpable, no crean
que yo los desmienta jamás.
¡Pareja culpable!
¡Claro es el engaño!

317. ¡Sabes que fuiste mía!
Yo te perdono.
Te abro los brazos, si
y quiero restituirte vida y honor.

318. Guardias, llévenlos ante el Consejo.

319. ¿Todavía insistes?

320. Que el Consejo nos escuche.

321. ¿Todavía insistes?

322. Que el consejo nos escuche.

ENRIQUE

Salirà d'Inghilterra sul trono
altra donna più degna d'affetto
aborrito, infamato, reietto
il tuo nome, il tuo sangue sarà.
Aborrito, infamato, reietto,
il tuo, nome sarà.

323. Subirá al trono de Inglaterra
otra mujer más digna de mi afecto
aborrecido, despreciado, rechazado
tu nombre y tu sangre serán.
Aborrecido, despreciado, rechazado,
tu nombre será.

ANNA y PERCY

Quanto, quanto è funesto il tuo dono
altra donna giammai non apprenda!
L'Inghilterra giammai non intenda
l'empio strazio che d'Anna si fa.

324. ¡Qué funesto es tu regalo
que la otra mujer jamás aprenda!
Que Inglaterra jamás escuche
de la cruel tortura que a Anna le das.

Anna y Percy parten escoltados por los guardias.

ENRIQUE

Sposa a Percy pria
che ad Enrico ell'era!
Sposa a Percy!
No, non mai, menzogna è questa
onde sottrarsi alla tremenda legge
che la condanna mia colpevol moglie.
E sia pur ver, la coglie
legge non men tremenda, e la sua figlia
conduce anch'essa nella sua ruina.

Solo.

325. ¡Ella fue esposa de Percy antes
que de Enrique!
¡Esposa de Percy!
No, eso es mentira
para sustraerse a la tremenda ley
que condena a mi culpable esposa.
Y si fuera verdad: ella y su hija caen bajo
otra ley no menos tremenda, que las
conduce a su ruina.

Llega Jane.

JANE SEYMOUR

Sire.

326. Señor.

ENRIQUE

Vieni, Seymour, tu sei Regina.

327. Ven Seymour, tú eres la Reina.

JANE SEYMOUR

Ah! Sire, il mio rimorso
mi guida al vostro piè.

328. ¡Ah! Señor, mi remordimiento
me guía a tus pies.

Intenta arrodilarse pero Enrique se lo impide.

ENRIQUE

Rimorso!

329. ¡Remordimiento!

JANE SEYMOUR

Amaro, estremo, orrendo.
Anna vid'io l'intensi.
Il suo pianto ho sul cor.
Di lei pietade e in un di me.
Del suo morir cagione
esser non vo, né posso.
Ultimo abbia il mio Re.

ENRIQUE

Più che il tuo Re, son io
l'amante son,
l'amante ch'ebbe i tuoi giuri,
e che fra poco all'ara
altri avrà più sacri.

JANE SEYMOUR

Ah! Non li avvesi mai proferiti
quei funesti giuri che mi han perduta!
Ad espiarli, o Sire,
ne andrò in remoto asilo
ove non giunga
viovente sguardo,
ove de' miei sospiri
non oda il suono
altri che il ciel.

ENRIQUE

Deliri?
E d'onde in te
si strano proposto, o donna?
E speri, tu partendo,
Anna far salva?
Io più l'aborro adesso,
l'aborro or più
che si t'affligge e turba,
che a spegner giunge
il tuo medesmo amore.

JANE SEYMOUR

Ah! Non è spento.
Ei mi consuma il core!
Per questa fiamma indomita
alla virtù profonda,

330. Amargo, extremo horrendo.
Vi a Anna y la entendí.
Tengo su llanto en mi corazón.
Ten piedad de ella y de mí.
De su muerte la causa
no quiero ser, ni puedo serlo.
Que mi Rey acepte mi último adiós.

331. Más que tu Rey, soy yo
tu amante,
el amante que recibió tu juramento,
y que dentro de poco en el altar
tendrá uno más sagrado.

332. ¡Ah! ¡Nunca te he hecho
esos funestos votos que me han perdido!
Para expiarlos, oh Señor,
me iré a un remoto asilo
en donde no llegue
mirada viviente,
en donde de mis suspiros
no oiga el sonido
nadie más que el cielo.

333. ¿Deliras?
¿Mujer, y de donde viene
esa extraña sugestión?
¿Y tú espera, que partiendo,
Anna se va a salvar?
Yo ahora la aborrezco más,
la aborrezco ahora más
que te aflige y te disturba,
y que causa que tu amor
por mí se extinga.

334. ¡Ah! No está extinto.
¡El me consume el corazón!
Por ésta flama indómita
que se antepone a la virtud,

JANE SEYMOUR
per quegli amari spasimi
pel pianto che mi costa,
odi la mia preghiera.
Anna per me non pera,
innanzi al cielo, agli uomini
rea non mi far de più.
Odi la mia preghiera.

ENRIQUE
Stolta! Non sai...

Se abren las puertas de la sala del Consejo.

Ma frenati.
Sciolto è il Consiglio.

JANE SEYMOUR
Ah! M'odi.

ENRIQUE
Frenati!

JANE SEYMOUR
Per questo pianto.

ENRIQUE
Stolta!

JANE SEYMOUR
M'odi.

ENRIQUE
Frenati.

SIR HERVEY
I Pari unanim
i sciolsero i regi nodi.
Anna, infedel consorte
è condannata a morte,
e seco ognun che complice
e istigator ne fu.

(continuó)
por esos amargos espasmos
y por el llanto que me cuesta,
oye mi plegaria.
Que Anna no muera por mí,
frente y a los hombres
no me hagas sentir más culpable.
Oye mi plegaria.

335.   ¡Tonta! No sabes...

Pero detente.
El Consejo ha terminado.

336.   ¡Ah! Óyeme.

337.   ¡Detente!

338.   Por éste llanto.

339.   ¡Tonta!

340.   Óyeme.

Disgustado.
341.   Detente.

Jane está muy alterada.
Sale Hervey con los oficiales de la corte que traen el el veredicto del Consejo.
Cortesanos y damas llegan corriendo.

342.   Los Pares por unanimidad
Disolvieron el matrimonio real.
Anna consorte infiel
es condenada a muerte,
junto con todos los cómplices
es instigadores.

52

JANE SEYMOUR

Per queste lagrime,
deh Anna non muoia.

343. Por estas lágrimas,
que Anna no muera.

ENRIQUE

Giustizia, giustizia
prima è dei Re virtù.

344. Justicia, justicia
es la primera virtud del Rey.

Enrique toma la sentencia de manos de los sheriffes.
Jane se acerca a Enrique con dignidad, mientras los cortesanos se retiran.

JANE SEYMOUR

Ah! Pensate che rivolti
terra e Cielo han gli occhi in voi,
che ogni cori ha i falli suoi
per dovere altrui mercé.
La pietade, Enrico, ascolti
se al rigore è spinto il Re.

345. ¡Ah! Piensa que los ojos
de la tierra y el Cielo voltean hacia ti,
que todos los corazones tienen sus fallas
y que la merced hacia otros es un deber.
Escucha a la piedad Enrique,
si al rigor es empujado el Rey.

ESCENA III
En la prisión de Anna en la Torre de Londres.

CORO

Chi può vederla a ciglio asciuto
i tanto affanno, in tanto lutto,
e non sentirsi spezzare il cor?
Or muta e immobile qual freddo sasso
or lungo e rapido studiando il passo
or trista e pallida com'ombra in viso,
or componendosi ad un sorriso
in tanti mutasi diversi aspetti
quanti in lei sorgono pensieri e affetti
nel suo delirio, nel suo dolor.
Chi può vederla.

346. ¿Quién puede verla con sus ojos secos
con tanta angustia, con tanta pena,
y no sentir que se le rompe el corazón?
Ahora muda e inmóvil como piedra fría
ahora con largos y rápidos pasos,
mira al piso ahora triste y pálido
con sombras en el rostro ahora fingiendo
una sonrisa y cambiando su expresión
en varias formas cuando en ella surgen
pensamientos y afectos en su delirio
y en su dolor. Quien puede verla.

Aparece Anna con sus ropas desordenadas, su cabeza descubierta
y profundamente absorta en sus pensamientos.
Conmovidas, sus damas se reunen a su alrededor.
Ella las mira serenamente.

ANNA

Piangete voi?
D'onde tal pianto?
È questo giorno di nozze.
Il Re m'aspetta,
l'altare è infiorato.
Datemi tosto
il mio candido ammanto
il crin m'ornate
del mio serto di rose
Che Percy non lo sappia,
il Re l'impose.

CORO

O memoria funesta!

ANNA

Oh! Chi si duole?
Chi parlò di Percy?
Ch'io non lo vegga,
Ch'io m'asconda a' suoi sguardi.
È vano.
Ei viene, ei m'accusa,
ei mi grida.
Ah! Mi perdona, mi perdona.

Infelice son io.
Toglimi a questa miseria estrema.
Tu sorridi?
O gioia!
Non fia, non fia che qui deserta
io muoia, no, no, no.
Tu sorridi Percy?
O gioia!
Al dolce guidami
castel natio,
ai verdi platani,
al gueto río
che i nostri mormora
sospiri ancor.

347. ¿Lloran?
¿De dónde ese llanto?
Este es un día de bodas.
El Rey me espera,
el altar decorado con flores.
Denme rápido
mi blanco manto.
Adornen mi pelo
con mi corona de rosas.
Que Percy no lo sepa,
el Rey lo ordena.

348. ¡Oh recuerdos funestos!

349. ¡Oh! ¿Quién se lamenta?
¿Quién habló de Percy?
Que yo no lo vea,
que yo me oculte a su mirada.
Es en vano.
El viene, él me acusa,
él me regaña.
¡Ah! Perdóname, perdóname.

Rompe en llanto.

Soy infeliz.
Sácame de ésta miseria extrema.
¿Tú sonríes?
¡Qué felicidad!
No dejes que aquí abandonada
yo muera, no, no, no.
¿Tu sonríes Percy?
¡Qué alegría!
Guíame al dulce
castillo en donde nací,
a los verdes árboles,
al quieto arroyo
que murmura otra vez
ante nuestros suspiros.

ANNA
Ah! Colá dimentico
de' scorsi affanni,
un giorno rendimi
de' miei prim'anni,
un giorno rendimi
del nostro amor.
Al dolce guidami.

(continuó)
¡Ah! Allí olvido
las pasadas penas,
regrésame un día
de mis primeros años,
regrésame un día
de nuestro amor.
Guíame al dulce.

Se oye un ruido de tambores.
Entran los guardias seguidos por Hervey y los cortesanos.
Anna se levanta.

Qual mesto son?
Che vedo?
Hervey, le guardie!

¿Qué es ese triste sonido?
¿Qué veo?
¡Hervey, los guardias!

Ella mira a su alrededor y despierta de su trance.

SIR HERVEY
Ite, e dal carcel loro
sian tratti i prigionieri.

A los guardias.
350. Vayan y traigan de las celdas
a los prisioneros.

Los guardias obedecen.

ANNA
O, in quale istante
dal mío delirio
mi riscuoti, o cielo!
Ah, in quale istante!
Ah! A che mai mi riscuoti?

Aterrorizada.
351. ¡Oh, en qué instante
de mi delirio
desperté, oh cielo!
¡Ah, en qué instante!
¡Ah! ¿Y para qué me desperté?

Percy, Rochefort y Smeton llegan de sus diferentes celdas.

PERCY y LORD ROCHEFORT
Anna!

352. ¡Anna!

ANNA
Fratello! E tu Percy!
Per me, per me monte!

353. ¡Hermano! ¡Y tu Percy!
¡Por mi causa mueren!

SMETON
Io solo, io vi perdei,
me maledite.

354. Yo solo, yo solo causé vuestra ruina,
maldígame.

Avanza y se postra a los pies de Anna.

ANNA
Smeton!

355.   ¡Smeton!

Se retira consternada.

PERCY
Iniquo!

356.   ¡Inicuo!

SMETON
Ah! Io son,
ch'io scenda
con tal nome fra l'ombre.
Io mi lasciai dal Re sedurre
io v'accusai, credendo
serbarvi in vita,
ed a mentir mi spinse un insano desire
una speranza ch'io tenni in core
un anno intier repressa.
Maleditemi voi!

357.   ¡Ah! Si lo soy,
que yo descienda
con tal nombre entre las sombras.
Yo me dejé seducir por el Rey
yo os acusé creyendo
que conservaba vuestra vida,
y un mal deseo me llevó a mentir
una esperanza que yo tenía en el corazón
reprimida durante un año.
¡Maldígame usted!

Gradualmente Anna cae de nuevo en su delirio.

ANNA
Smeton! T'appressa.
Sorgi, che fai?
Che l'arpa tua non tempri?
Chi ne spezzò le corde?

358.   ¡Smeton! Acércate.
¿Levántate, qué haces?
¿Por qué no afinas tu arpa?
¿Quién rompió sus cuerdas?

LORD ROCHEFORT
Anna!

359.   ¡Anna!

PERCY
Che dici?

A Anna.
360.   ¿Qué dices?

CORO
Ritorna a delirar.

361.   Vuelve a delirar.

ANNA
Un suon sommesso tramandan esse
come il gemer tronco
d'un cor che mora.
Egli è il mio cor ferito
che l'ultima preghiera
al ciel sospira.
Udite tutti.

362.   Un sonido sordo sale de ellas
como el gemido
de un corazón que muere.
Él es mi corazón herido
que la última plegaria
al cielo suspira.
Oigan todos.

PERCY
O, rio martir!

363. ¡Oh, qué martirio!

LORD ROCHEFORT
Delira.

364. Delira.

ANNA
Cielo a' miei linghi spasmi
concedi alfin riposo,
e questi estremi palpiti
sian di speranza almen.
A miei lunghi spasmi.

365. Cielo, a mi largo sufrimiento
concede al fin reposo,
y que éstos últimos latidos
al menos sean de esperanza.
A mi largo sufrimiento.

SMETON, PERCY, LORD ROCHEFORT
L'estremo suo delirio
prolunga, o ciel pietoso
fa che la sua bell'anima
di te si desti in sen.

366. Su último delirio
prolonga oh cielo misericordioso
haz que su alma bella
despierte en tu seno.

Gradualmente Anna vuelve en si.

ANNA
Suon festivo? Suon festivo?
Che fia? Favellate.
D'ove sono? Favellate.

367. ¿Sonidos festivos? ¿Sonidos festivos?
¿Qué pasa? Díganme.
¿En dónde estoy? Díganme.

SMETON. PERCY. LORD ROCHEFORT
Acclamata dal popolo contento
è Regina.

368. Aclamada por el pueblo contento
es la Reina.

ANNA
Tacete, tacete!
Manca solo a compire il delitto
d'Anna il sangue,
e versato sarà.

369. ¡Callen, callen!
Lo único que falta para completar el crimen
es la sangre de Anna,
que derramada será.

Anna rompe a llorar entre los brazos de sus damas.

TODOS
Ciel! Aisparmia al suo core trafitto
questo colpo a cui regger non sà.

370. ¡Cielo! Evítale a su corazón afligido
éste golpe que no sabe controlar.

ANNA
Coppia iniqua, l'estrema vendetta
non impreco, no, in quest'ora tremenda
nel sepolcro che aperto mi aspetta,
col perdon sul labbro si scenda,
ei m'aqcuisti clemenza e favore
al cospetto d'un Dio di pietà.
Tacete, tacete, cessate, cessate.
Manca solo compire el delitto
Coppia iniqua.

371. Pareja malvada, la última venganza
no invoco, no, en esta terrible hora
en el sepulcro que abierto me espera,
descenderé con el perdón en los labios,
él me provee de clemencia y perdón
en la presencia de un Dios misericordioso.
Callen, callen, cesen, cesen.
Falta solo para completar el crimen
Pareja malvada.

Anna se desmaya.
Llegan los sheriffes para conducir a los prisioneros al lugar de la ejecución.
Smeton, Percy, y Rochefort sostienen a la desmayada Anna.

FIN

Biografía de Gaetano Donizetti

Domenico Gaetano Maria Donizetti nació en Bérgamo Italia el 29 de Noviembre de 1797, en su familia no había músicos pero en 1806 ingresó a la escuela gratuita Lezioni Caritatevoli de Bérgamo en donde formaban coristas e instrumentistas dedicados a la música sacra. Ahí, aprendió fuga y contrapunto y este fue el momento en que inició su carrera operística.

Inicialmente escribió tres óperas que no tuvieron ningún impacto favorable, pero su cuarta ópera llamada Zoraida di Granata impresionó mucho a Domenico Barbaia que era administrador de teatros quien le ofreció un contrato para componer en la Ciudad de Nápoles.

Junto a Bellini y Rossini formó la triada de compositores italianos que dominaron el escenario operístico, hasta la llegada de Verdi. En 1818 compuso su ópera *Enrico di Borbogna* que fue todo un éxito. *Anna Bolena, L'Elisir d'Amore, Maria Stuarda, Lucia de Lammermoor* triunfaron entre 1830 y 1835.

En 1830 *Anna Bolena* fue premiada en Milán y dos años después triunfó *L'Elisir d'Amore* y luego su *Lucia de Lammermoor* que llegó a ser su ópera mas famosa. Un gran éxito fué el estreno en Paris de *La Fille du Régiment* en 1840 y otro mas en 1843 con *Don Pasquale*.

Virginia Vasselli fue la esposa de Donizetti, con ella procreó tres hijos que fallecieron durante la infancia, poco después murió ella afectada por el cólera.

Durante los últimos años de su vida, Donizetti mostró síntomas de deterioro mental debido a la sífilis que padecía, fue atendido primero en Paris y después en Bérgamo en donde falleció el 8 de Abril de 1848. Fue sepultado en la Basílica de Santa Maria la Mayor en Bérgamo.

De las 75 óperas que compuso, las más conocidas son:

L'Élisir d'Amore	Lucrezia Borgia	Lucia di Lammermoor
Belisario	La Fille du Régiment	La Favorita
Don Pasquale	Poliuto	La Zingara
Maria Stuarda	Linda de Chamonix	Roberto Deveraux
	Pigmalione	

Acerca de Estas Traducciones

El Dr. Eduardo Enrique Prado Alcalá nació en 1937 en el norte de México, estudió la carrera de medicina y se especializó en cáncer ginecológico y cáncer de mama. Ejerció su carrera durante 40 años y finalmente llegó a la edad del retiro.

Desde la edad de 42 años, se hizo aficionado a la ópera y a la música clásica y formó parte de un grupo de amigos aficionados a estas disciplinas. Tuvo la oportunidad de asistir a funciones operísticas en la Ciudad de México, en Guadalajara México, en Toluca México, en Mazatlán México, en Seattle, en Madrid y en Londres. Organizó en la Ciudad de Mazatlán tres conciertos de música clásica, uno de ellos en la catedral.

Después de retirarse de la medicina, se dedicó a traducir al español óperas de Verdi, Puccini, Mozart, Donizetti, Bizet, Leoncavallo, Mascagni, y Rossini, sumando un total de 31.

଼

Jugum Press y Ópera en Español

Prensa publica estas traducciones de ópera por Dr. E.Enrique Prado:

Vincenzo Bellini:
Norma

Georges Bizet:
Carmen

Gaetano Donizetti:
Anna Bolena, Don Pasquale, Lucia di Lammermoor, Lucrezia Borgia

Ruggero Leoncavallo:
I Pagliacci

Pietro Mascagni:
Cavalleria Rusticana

Wolfgang Amadeus Mozart:
Die Zauberflöte, Don Giovanni, Le Nozze di Figaro

Giacomo Puccini:
La Boheme, La Fanciulla del West, Madama Butterfly, Manon Lescaut, Tosca
El Tríptico: Gianni Schicchi, Suor Angelica, Il Tabarro

Giacchino Rossini:
Il Barbiere Di Siviglia, La Cenerentola

Giuseppe Verdi:
Aida, Un Ballo in Maschera, Don Carlo, Ernani, Falstaff, La Forza del Destino, I Lombardi, Macbeth, Nabucco, Otello, Rigoletto, Simon Boccanegra, La Traviata, Il Trovatore

Para información y disponibilidad, por favor vea
www.operaenespanol.com
Correo: JugumPress@outlook.com
Síganos en Twitter: @jugumpress
Regístrate para nuestras noticias: http://eepurl.com/5m7tj

www.ingramcontent.com/pod-product-compliance
Lightning Source LLC
Chambersburg PA
CBHW081301040426

42452CB00014B/2609